Zhongguo Wenhua
Zhishi Duben

中国文化知识读本

岭南文化

主编 金开诚

编著 杨影 于丹

吉林出版集团有限责任公司

吉林文史出版社

图书在版编目（CIP）数据

岭南文化 / 杨影,于丹编著. —— 长春：吉林出版
集团有限责任公司：吉林文史出版社，2009.12 （2023.4重印）
（中国文化知识读本）
ISBN 978-7-5463-1973-5

Ⅰ.①岭… Ⅱ.①杨… ②于… Ⅲ.①文化史－广东
省 Ⅳ.①K296.5

中国版本图书馆CIP数据核字(2009)第236933号

岭南文化

LINGNAN WENHUA

主编/金开诚　编著/杨影　于丹

项目负责/崔博华　责任编辑/曹恒　于涉

责任校对/王非　装帧设计/曹恒

出版发行/吉林出版集团有限责任公司　吉林文史出版社

地址/长春市福祉大路5788号　邮编/130000

印刷/天津市天玺印务有限公司

版次/2009年12月第1版　印次/2023年4月第4次印刷

开本/660mm×915mm　1/16

印张/8　字数/30千

书号/ISBN 978-7-5463-1973-5

定价/34.80元

前　言

文化是一种社会现象，是人类物质文明和精神文明有机融合的产物；同时又是一种历史现象，是社会的历史沉积。当今世界，随着经济全球化进程的加快，人们也越来越重视本民族的文化。我们只有加强对本民族文化的继承和创新，才能更好地弘扬民族精神，增强民族凝聚力。历史经验告诉我们，任何一个民族要想屹立于世界民族之林，必须具有自尊、自信、自强的民族意识。文化是维系一个民族生存和发展的强大动力。一个民族的存在依赖文化，文化的解体就是一个民族的消亡。

随着我国综合国力的日益强大，广大民众对重塑民族自尊心和自豪感的愿望日益迫切。作为民族大家庭中的一员，将源远流长、博大精深的中国文化继承并传播给广大群众，特别是青年一代，是我们出版人义不容辞的责任。

本套丛书是由吉林文史出版社和吉林出版集团有限责任公司组织国内知名专家学者编写的一套旨在传播中华五千年优秀传统文化，提高全民文化修养的大型知识读本。该书在深入挖掘和整理中华优秀传统文化成果的同时，结合社会发展，注入了时代精神。书中优美生动的文字、简明通俗的语言、图文并茂的形式，把中国文化中的物态文化、制度文化、行为文化、精神文化等知识要点全面展示给读者。点点滴滴的文化知识仿佛颗颗繁星，组成了灿烂辉煌的中国文化的天穹。

希望本书能为弘扬中华五千年优秀传统文化、增强各民族团结、构建社会主义和谐社会尽一份绵薄之力，也坚信我们的中华民族一定能够早日实现伟大复兴！

目录

一、岭南文化溯源

猫儿山是"五岭之魂"

（一）岭南的得名

在辽阔广袤的神州大地，沿着江西、湖南与广东、广西四省的边境，有一系列由东北走向西南的山脉，蜿蜒曲折，人们称之为"五岭"。

"五岭"之名，最早见于西汉司马迁《史记·张耳陈余列传》："秦为乱政虐刑以残贼天下，数十年矣。北有长城之役，南有五岭之戍，外内骚动，百姓疲敝。"然而《史记》没有说明何为"五岭"。唐朝司马贞《史记索隐》注释是："裴氏（即裴渊）《广州记》云，大庾、始安、临贺、桂阳、揭阳，斯五岭。"可是晋朝邓德明《南康记》认为五岭是大庾、骑田、都庞、萌渚、越城。后人考证：始安岭即越城岭，临贺岭即萌者岭，桂阳岭即骑田岭，而揭阳岭则各家说法不一，至今没有定论。

"五岭"在中国南部，亦称"南岭"。"南岭"以南，称为"岭南"，此名始于司马迁《史记·货殖列传》："夫天下物所鲜所多，人民谣俗，山东食海盐，山西食盐卤，岭南、沙北，固往往出盐，大体如此矣。"这是说："各地物产有少有多，民间习俗也因而不同，太行山之东吃海盐，太行山之西吃池盐，岭南、漠北，有许多地方产盐，情况大致是这样。"

在行政区域划分上，唐太宗贞观元年（627年），分全国为十道，在五岭以南地区设置"岭南道"，"岭南"从此成为官方正式确定的地名，因而被长期广泛使用。

（二）岭南的范围

岭南的范围，简单地解释，凡属五岭以南，即为岭南地区。其实不然，它因时代变迁而有所变化。总的来说，从东汉后期开始，其范围逐渐缩小。

秦始皇三十三年（公元前214年）进军岭南，设立南海、桂林、象郡三郡，其范围包括今广东大部分和广西东部。后来赵佗据

逶迤雄伟的太行山

此建立南越国，积极向外发展，占有骆越人居住的红河三角洲，辖区较前扩大。汉武帝元鼎五年（公元前112年）出兵废除南越国，乘胜扩大疆土，在岭南设立南海、郁林、苍梧、合浦、儋耳、珠崖、交址、九真、日南九郡。其中儋耳、珠崖两郡在海南岛，交址郡、九真郡、日南郡都在今越南境内。到了东汉后期（2世纪中叶），朝政腐败，国势衰微，无力保护边远地区，日南郡境逐渐为林邑国所占领。其后九真郡境也逐渐缩小，至南朝陈后主祯明三年（589年）被废。

唐高宗调露元年（679年），改交州都督府为安南都护府，府治在宋平（今越南河内）。

岭南水乡风光

此后人们一直称交州为"安南"，不以"岭南"视之，因为交州距离"五岭"甚远，其间还有高山大河阻隔。唐末五代期间，各地藩镇纷纷割据自立，后晋高祖天福三年（938年），安南节度使杨廷艺部将吴权据交州独立，从此脱离中国版图，这就更不属于岭南范围了。

宋徽宗大观四年（1110年），广南西路的辖区包括化州、高州、雷州、钦州、白州、郁林州、廉州、琼州、昌化军、万安军、崖州。其中琼州、昌化军、万安军、崖州位于海南岛，宋朝已有"海南"之名。海南岛在大海之中，少数民族较多，语言、风俗和大陆不同，一向被视为独特的地区，不以"岭南"称之。

美丽的海南岛

南海观音

此后广东与广西之间的省界也屡有变动，但广西大部分地区不属于岭南之内。

现在，人们为了方便起见，通常把"岭南"作为广东的代名词。广西东部本应属于岭南地区，只因面积较小，很多有关岭南的书籍往往略而不言。

（三）岭南的自然环境

岭南是个奇异的地区，背依逶迤的五岭，面临浩瀚的南海，地形复杂，气候独特，自然景色、居民生活习俗均与外界不同，所以唐朝韩愈诗中对岭南就有"事事皆殊异"的观感。

五岭并不险峻，海拔一般为 1000 米左

右，从全国范围来看，算不上是高山，然而它东起大庾岭，西讫越城岭，曲折延绵，长达 1400 公里。尽管有好些低谷山口，但毕竟形成一道天然屏障，对冬季从西伯利亚袭来的寒流有一定的阻挡作用，因此岭南冬季少见霜雪。但是在古代，这道天然屏障也阻碍了南北地区之间的文化交流。

岭南地区大部分在广东省内。广东遍布山地、丘陵，素有"七山一水二分田"之称。在广东东北部有九连山脉、罗浮山脉、莲花山脉；西北部有瑶山、大罗山；西南部有云开大山、云雾山、天露山等。丛山之间，有狭长的谷地和一系列盆地，因而河流纵横，珠江水系流经全省。珠江原指由广州经虎门入海的水道，现为西江、北江、东江的总称，分别流经广东的西、北、东部，西江是珠江水系的主流。广东东部还有韩江，西南部有漠阳江、鉴江、九州岛江等，直接流入南海。这些高山大河，孳生万物，为岭南先民提供了丰富的食物资源。先民采食大量蚌、蛛等介壳类动物并猎取野兽，留下很多贝丘遗址，其中往往含有石器、骨器和陶器，使后人得以获知岭南新石器时代的文化情况。

全省水上交通方便，西江上通广西、湖南、贵州、云南，北江上通湖南、江西，东江上通江西，韩江上通福建，本省沿海港口

岭南先民采食蚌等作为食物来源

珠江夜景

从海道可通往全国及世界各港口，这就有利于经济、文化交流。大小河流的沿岸形成冲积平原，土地肥沃，农业发达。珠江、韩江带来大量泥沙淤积而成的珠江三角洲、韩江三角洲，是人们乐道的鱼米之乡。

广东位处低纬度地带，冬短夏长，阳光充足，四季实际上不太明显，夏日很少酷暑，冬天没有严寒。隆冬时节，寒潮通过骑田岭、大庾岭间的缺口入侵，会出现霜冻，但为时甚短，寒潮一停，很快就大地回暖，因此适宜栽培粮食作物和经济作物。由于面临南海，夏秋两季常有台风暴雨。台风较多，洪水为患；台风较少，出现干旱。冬季全省都比较

广州鹿湖公园

少雨。旱涝频繁，是岭南气候的特点。

值得指出的是，北回归线横贯广东中部，太阳垂直照射，水分蒸发大，因而全世界在回归线附近的地区，几乎都是沙漠或干旱草原。如北回归线附近有西南亚阿拉伯大沙漠、北非撒哈拉沙漠，南回归线附近有澳洲维多利亚大沙漠、南非卡拉哈里沙漠等，故有"回归沙漠带"之称。可是广东蒙受海洋季风之赐，雨水较多，不但没有变成沙漠或干旱草原，而且农、林、牧、渔业都很兴旺。尤其是在北回归线附近的鼎湖山、西樵山、罗浮山等，森林茂密、瀑布高悬，不少珍稀动植物在此繁殖。而且从东晋开始，人们陆续在此建筑寺观、书院，成为佛教、道教圣地和硕学鸿儒传业授徒之所。

广东大陆海岸线长达 3368.1 公里，海岸曲折，港湾众多，居全国各省（区）之首。在北部湾与雷州湾之间的雷州半岛，是继辽东、山东半岛之后的全国第三大半岛。全省沿海共有面积 500 平方米以上的岛屿 759 个，岛屿海岸线长 1649.5 公里（大陆和岛屿海岸线均不包括香港、澳门和东沙群岛地区），这就为广东的海洋渔业、运输业和对外交往

广东大陆海岸曲折，港湾众多

提供了优越的地理条件。

得天独厚的岭南大地，孕育出别具一格的岭南文化。

（四）岭南文化的形成过程

原型时期。可以上溯至峒中岩人、马坝人、柳江人时期，而下限到春秋战国时代。这个时期的岭南地区文化处于原始时期，众多不同的部族共同生活在这片土地上。故史书称之为"百越"或"百粤"。在这个历史时期还未形成具有地域文化内涵的岭南文化。

孕育时期。从秦的建立到南北朝时期，是岭南文化的孕育时期。在中原文化的不断

得天独厚的岭南大地，孕育出别具一格的岭南文化

广东沿海风光

输入以及周边地域文化和海洋文化的刺激、影响下，岭南地区在融入大中华文化的同时，也孕育着富有地方色彩的地域文化。

形成和成熟时期。唐代到鸦片战争爆发以前，是岭南文化的形成和发展时期。今天我们看到的岭南方言群的地域分布格局，大体上在唐朝到五代时期已基本形成。而随着宋、元、明以至清代前期，岭南文化在中国政治、经济重心南移的影响下，得到进一步发展，更趋成熟。

近代转变时期。由于岭南文化具备外向文化的特点，而近代西方文化伴随着殖民势力，又首先从这里与东方文化发生碰撞，所以岭南文化是中国文化率先发生近代转变的地方。岭南文化在近代的转变，在中国近代史上产生重大的影响。而澳门、香港地区在西学东渐后，形成了富有特色的新岭南文化类型，使岭南文化的色彩更为缤纷。

（五）岭南的土著氏族

岭南的土著居民是越族。越族的得名，多数学者用文化特征来解释，认为该族首先使用"钺"这种工具和武器。"钺"是扁平穿孔石斧，可作砍杀用，以后演变成青铜铸

青铜钺

造的铜钺，成为越族的象征物。也有人认为：春秋末期，有一个部落联盟的首领勾践以会稽（今浙江绍兴市）为中心，建立越国政权，所以此族被称为越族。越族不是自称，而是中原华夏族对它的称呼。

越族一般被认为是大禹的后代，因为大禹后代少康的庶子的封地在岭南九郡。岭南的越族，一说为"百越"，一说为"南越"。其实，"百越"是越族的总称，百越的百是多数、约数，而不是确数。南越是百越的一个分支。越族在新石器时期以有肩石斧、有段石锛与几何印纹陶器为共同的文化特征，这说明越族之间联系密切。岭南土著居民主

新石器时期石斧

古百越人复原像

要是南越，但也有西越、骆越、闽越居住，以及扬越、夷越、滇越等前来活动，可能是这个原因，使得岭南土著居民又被称为百越。

从秦末开始，百越族有一部分逐渐与汉族融合，另有一部分则与现在的壮、侗、黎、水、傣、畲、瑶、布依、仫佬、高山等族有密切的渊源关系。到了宋朝以后，中国文献上不再出现关于"百越"的记载。

二、岭南文化的区域组合

广州增城小楼人家

　　广府文化：广府文化是岭南文化的主体，它以广州为中心。早在南北朝时，梁、陈两朝均设广州都督府，其后隋、唐设广州总管府，明、清设广州府，因此俗称广州为广府。秦始皇进军岭南，任嚣率领由"尝逋亡人（曾经逃亡的罪犯）、赘婿（贫穷入赘于女家的男子）、贾人（商人）"组成的军队，首先进驻番禺（今广州），随后由中原和各地前来的移民络绎而至。他们同当地越族人士共处，语言上互相融合，从而产生粤语，也称广府话、广东话、省城话、白话。从秦末汉初开始，两千多年来，广州一直是对外贸易的重要港口。不少中原人士前来贸易致富，加上早期移民中就有不少贾人（商人），因此居民商业意识浓厚。为了追求利润，他们勇于冒险，富有开拓精神，容易接受新事物、新思潮，不少人在沿海各大港口经商，以及前往南北美洲、澳洲、东南亚、日本等地侨居谋生，他们不忘故土，成为中外文化交流的使者。广府人士重视教育，捐资办学、公款（地方上的学田和家族祭祖的田租收入）助学很普遍。唐、宋以来，人才辈出，文艺创作、学术研究成绩斐然。用粤语演唱的粤剧、粤曲和说唱文学，广泛流行。手工业产品制

广州"鹿回头"城市雕塑

作精美，素被称为"广货"，与"京货"相提并论，"京广杂货"脍炙人口，受到高度好评。其中"广绣"全国闻名，与苏绣、湘绣、蜀绣媲美；广州玉雕、牙雕、石雕、砖雕、木雕、角雕精美绝伦；"广彩"（彩图瓷器）具有独特的艺术风；"广式家具"选材名贵，雕工精致。城乡茶楼酒馆众多，讲究饮食制作，广州菜享誉海内外。

潮汕文化：以潮州市为中心。古代潮州府治在今潮安县，西汉初年是揭阳县地，历史悠久。汕头市则是新兴海港城市，潮、汕均位于韩江三角洲，接近福建，当地居民原属闽越。汉朝以来，闽南、中原和各地人士不断移入，逐渐形成近似闽南话的潮州话，也称汕头话、福佬（即福建佬之意）话，流行于韩江、东江流域部分地区和沿海有些地方，以及海外潮汕侨民聚居之处。潮汕风俗也和闽南相近，所以宋朝王象之《舆地纪胜》说："虽境土有闽、广之异，而风俗无漳、潮之分。"可见潮汕与闽南在文化上同属一系。潮州早在唐朝就是对外通商口岸，所以潮汕人士善于经商，富有创业精神，在沿海及海外进行贸易，十分活跃，尤其是在泰国，前往侨居者甚众。潮汕地少人多，为了增产粮食，实行精耕细作，农业生产技术高超。潮汕文教事业发达，从唐朝以来就重视办学。用潮州话演唱的潮剧，多姿多彩；潮州音乐

潮汕功夫茶

优美动听；潮州金木雕是高雅的建筑雕刻艺术；潮汕抽纱工艺精美；民间玩具品种繁多；各种装饰制作精美、色彩绚丽；枫溪瓷器驰誉海内外。潮汕人士很讲究饮"工夫茶"，茶具精致小巧，泡茶有一定程序。潮州菜与闽菜同源，兼收广州菜、江浙菜和西餐之长，风味独特。

客家文化：客家文化以梅县市为中心。关于客家的来源，很多人认为客家先民来自中原，由于逃避战乱，两晋时迁往湖北、湖南、江西、福建一带；唐末五代时迁至广东北部、东部；南宋时继续迁徙；明、清两朝迁往广东中部、西部以及广西、四川等地。但也有人认为客家不是一个独立的民族，有的说是苗族的一支；有的说是瓯越的后裔；有的则说是公元前聚居于山东等地的外族等。但是客家人不同意上述论点，自认是正统汉族。客家话接近中原汉语，主要流行于广东的东江、北江流域部分地区和粤中、粤西某些地区，以及广西、云南、贵州、四川、湖南、湖北、陕西、山西、河南、安徽、江西、福建、台湾、海南等省（区）的局部地区，也有海外客家侨民聚居之处。客家人在长期迁徙中，由于群体观念强烈，宗族思想浓厚，往往聚

客家土楼

客家美食——酿豆腐

族而居，在很多地方出现客家村、客家乡，从而保持其客家文化的特征。农村中古老的客家民居，形同城堡，建筑风格独特，给人以很好的安全感。客家人刻苦耐劳，具有鲜明的开拓意识，不少人背井离乡，创业营生，甚至远走海外，谋求发展。对文化教育很重视，尊师重道，勤奋读书，因此过去梅县有"文化之乡"的美称。客家山歌内容丰富，作为交际工具，彼此唱和，抒情达意，成为生活中一大特色。兴梅汉剧（即外江戏）现改称广东汉剧，流行于东江、韩江流域。客家人很重视烹调技术，客家菜又名东江菜，浓郁可口，别具一格。

三、岭南文化的特点

岭南文化能够独树一帜、举世闻名，并在中华文化的发展过程中产生积极作用，是因为它具有显著的特点。

（一）兼收并蓄

岭南文化对各种外来文化采取兼收并蓄的态度。"泰山不让土壤，故能成其大；河海不择细流，故能成其深。"这是岭南文化充满活力的原因。岭南早在远古时候就出现旧石器文化，因与中原等地交往不便，长期停留于新石器时代，直到商末周初才从外地输入青铜文化，这比中原地区要落后数百年至一千年。而且，岭南的青铜文化并不发达。可以说，岭南的土著文化尚未定型，所以对

新石器时期彩陶双耳罐

从秦汉以来，岭南一直对
外进行经济、文化交流

外来先进文化没有力量进行抗拒、排斥。当
秦末汉初之际，中原等地的先进文化以排山
倒海之势进入岭南，立即为岭南全盘接受。
其实，岭南文化的发展过程，也就是对外来
文化实行兼收并蓄的过程。再者，从秦汉开
始，两千多年来，岭南一直对外进行经济、
文化交流，从未"闭关锁国"，即使在明、
清两朝实行"海禁"期间，岭南由于外交（接
待外国使团）和财政（靠关税收入补贴地方
军政经费开支）的需要，不得不照常维持对
外交往。一个开放式的社会，为文化上的兼
收并蓄提供了有利条件。

（二）勇于开拓

岭南文化富有开拓精神。岭南的居民，除了少数土著的百越族之外，大部分均属中原和各地移民。从秦朝末年开始，移民活动从未停止。正常年份，商贾的贸迁、军队的移防、官员的调动、士人的讲学，都促使外地人士前来岭南。而在天灾、战乱期间，更有大批移民前来。据宋朝王存等撰《元丰九域志》记载，北宋神宗年间，国泰民安，岭南的广州、端州（州治在今肇庆市）、南恩州（州治在今阳江市）、梅州（州治在今梅县市）、惠州、雷州等地，外来移民比本地居民还要多，有的甚至多好几倍。一般来说，在农业社会，普通百姓安土重迁，保守成性，不轻易远走他乡。而作为移民前往新的地方谋生，必须具备进取精神，无论从事何种职业，均需刻苦耐劳，不畏困难，才能站稳脚跟，获得发展。岭南的外来移民超过本地居民，这就显示岭南社会具有勇于开拓的风气。从唐末开始，由于战乱、对外贸易和耕地不足，岭南先民冒险犯难，陆续前往东南亚、澳洲和南北美洲等地，重建家园，在参与当地建设方面成绩显著，并为中外文化交流作出很多的贡献。

梅州客家围龙屋

（三）大胆革新

岭南文化很显著的优点是提倡改革、重视创新。由于岭南远离中央政权所在地，在古代交通和通讯联络不便的情况下，接受正统思想的束缚较少，同时长期与海外进行经济、文化交流，容易接触新事物，吸收新思潮。在古代，东晋葛洪在罗浮山创立道教理论；唐朝惠能创立佛教禅宗顿悟学说，提倡独立思考，反对迷信权威；张九龄建议改革官员任用制度；宋朝余靖反对利用"祥瑞"来搞上下欺骗，要求切实为老百姓做好事；明朝陈献章标榜以自然为宗，冲破程朱理学对思想界的束缚；海瑞提出整顿吏治。到了近代，洪秀全发动太平天国起义；康有为、梁启超实行戊戌变法；孙中山创立三民主义，领导

孙中山像

辛亥革命。海外华侨、归侨在岭南大力创办各种近代企业，引进最新技术设备，同时兴建新式学校、医院，均显示岭南文化的革新精神。

（四）讲求实用

岭南文化很注意讲求实用。由于岭南一向是中国对外贸易的重要基地，商人长途跋涉，辗转贩运，备尝艰辛，目的是追求利润。岭南的经济以农业为主，农民终岁劳苦，胼手胝足，耕耘灌溉，希望能获得丰收。因此，在岭南社会，看重利益、注意实效成为普遍的观念，这有助于岭南社会的繁荣。本来，儒家早就提出"经世致用"的思想。在岭南，到了清朝中期，外敌不断入侵，国家多故，

岭南经济以农业为主

广州城市风光

民生困苦，整个社会形势促使有识之士振臂高呼，凡事不宜流于空谈阔论，一定要讲求实用。名重一时的南海"九江先生"朱次琦提出："读书者何也？读书以明理，明理以处事。先以自治其身心，随而应天下国家之用。"其门人康有为对之甚表敬佩说："先生壁立万仞，而其学平实敦大，皆出躬行之徐。以末世俗污，特重气节，而主济人经世，不为无用之空谈高论。"在前贤先哲的影响下，近代岭南在各方面都涌现出一批具有真才实学、埋头苦干的有志之士，为中国的革命和建设作出了卓越贡献。

番禺余荫山房

四、岭南文化的丰富内容

（一）"敢为天下先"的学术研究

古代岭南的学术研究，由于历史原因，落后于中原地区，但具有地方特色。到了近代，由于经济繁荣，加以对外文化交流和民族危机感的影响，岭南急起直追，与中原及各地并驾齐驱，并呈现出与中原文化相异的锐气和勇气，多次成为激活古老中原文化的触媒。

1. 托古改制的经学

在岭南经学研究历史中，充分体现出岭南文化"大胆革新"和"讲求实用"特点的，无疑是戊戌变法的核心人物——"南海先生"康有为。

康有为像

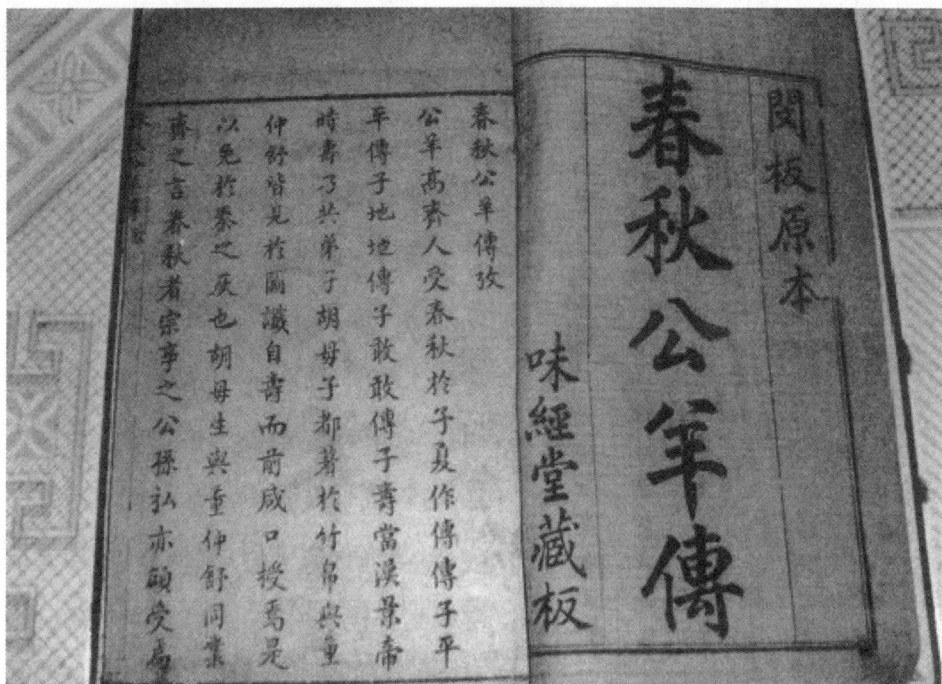

《春秋公羊传》

　　清朝初期，满族统治者为了镇压汉族的反抗，大搞文字狱，滥杀无辜，士人备受摧残。到了乾隆、嘉庆年间（1796—1820年），学者为了明哲保身，继承古文经学的训诂方法，致力于古籍和史料的考证、整理以及语言的研究，岭南学者也是如此。其后爆发第一次鸦片战争，外患日深，国家多难，人们要求变法，于是主张改革的今文经学乘时而起。致力于今文经学、精研《春秋公羊传》的南海人康有为，曾去香港旅游，获悉西方近代文明，其后大量购阅有关西方文化的书籍，从而认为社会在变化，国家制度也应该

王莽像

随之改革。但是古文经学奉行"恪守祖训"，反对变法，为此，他于光绪十七年（1891年）在广州出版《新学伪经考》，提出：当初秦始皇焚书，只是烧毁民间藏书，"但欲愚民而自智，非欲自愚"。因此官府所藏，"未尝焚烧"后来发现的古文经传，乃是西汉末年刘歆伪造，"欲以宗室子佐莽篡汉"；由于古文经学助王莽建立新朝，应该称为"新学"；古文经传出自刘歆伪造，应该称为"伪经"。王莽提倡复古，康有为撰写此书，目的借口反对王莽，从而反对守旧，提倡革新，为变法维新制造理论根据。到了光绪二十二年（1896年），他出版《孔子改制考》，把孔子尊为"托古改制"的始祖，认为"六经"是孔子为了改革当时弊政，假托古代圣王言论而创作的文献。他在书中坦率表示："布衣改制，事大骇人，故不如与之先王，既不惊人，自可避祸。"尽管《新学伪经考》《孔子改制考》有些论点出于武断，自相矛盾，但用意是打破思想束缚，实行资产阶级改良主义，其作品于戊戌变法期间，在全国产生很大影响。另一方面，《新学伪经考》《孔子改制考》对于古书真伪的辨别，也下了一番功夫，提出了一些新的见解。尤其是《新学伪经考》，在考证古书方面颇受俞樾、崔适、钱玄同、顾颉刚等大家的称赞。

康有为还利用东汉何休《春秋公羊经传解话》中的"三世说"，把封建社会称为"据乱世"，资本主义社会称为"升平世"，而把消灭家庭、阶级、国家，实行财产公有、人人平等的大同社会称为"太平世"，同时发挥《礼记·礼运》的大同思想，并掺杂欧洲空想社会主义、资产阶级民主意识、达尔文的进化论以及佛教的慈悲、基督教的博爱等观念，于光绪十七年（1891年）撰成《大同书》。康有为于1927年去世后，由其弟子钱定安在1935年全文出版，此书是近代中国空想社会主义的重要文献，主张在现代化生产的基础上，废除私有财产，建立人人平等、

《大同书》

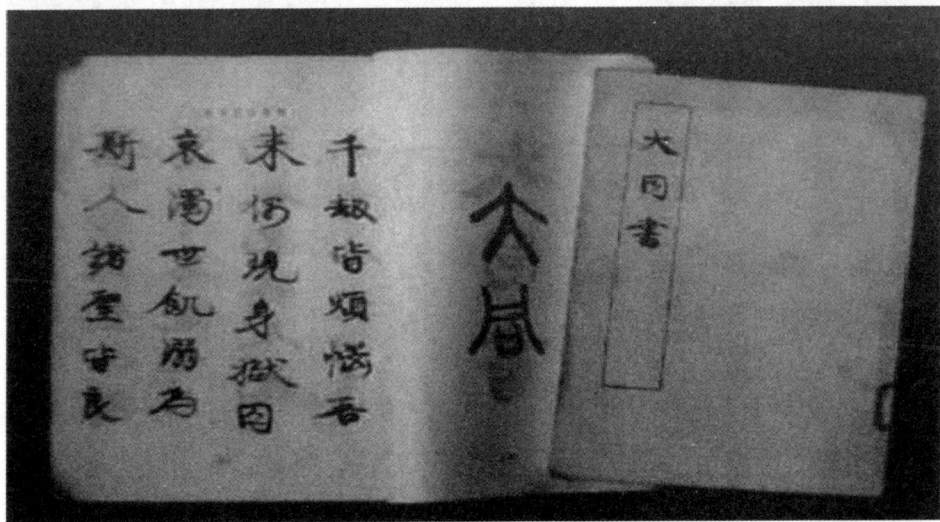

自由的大同社会。岭南的经学研究，至此在历史上作出显著的贡献。

2. 自成一派的理学

儒家经典原属先秦作品，经过汉朝经学大师加以注释、讲解，读者才易明白。这些经学大师为了炫耀自己博学，解说经文不厌其详，甚至冗赘难读。例如，西汉《书经》大师秦延君用十多万字来解释《书经》第一篇《尧典》中的"尧典"两字，又用三万字解释《尧典》第一句"曰若稽古"四字。读者不胜其苦，像这样的经学研究，于国于民毫无补益，势必走向没落。经过在唐末五代的剧烈动乱后，到了宋朝，儒家为了维护社

《书经》

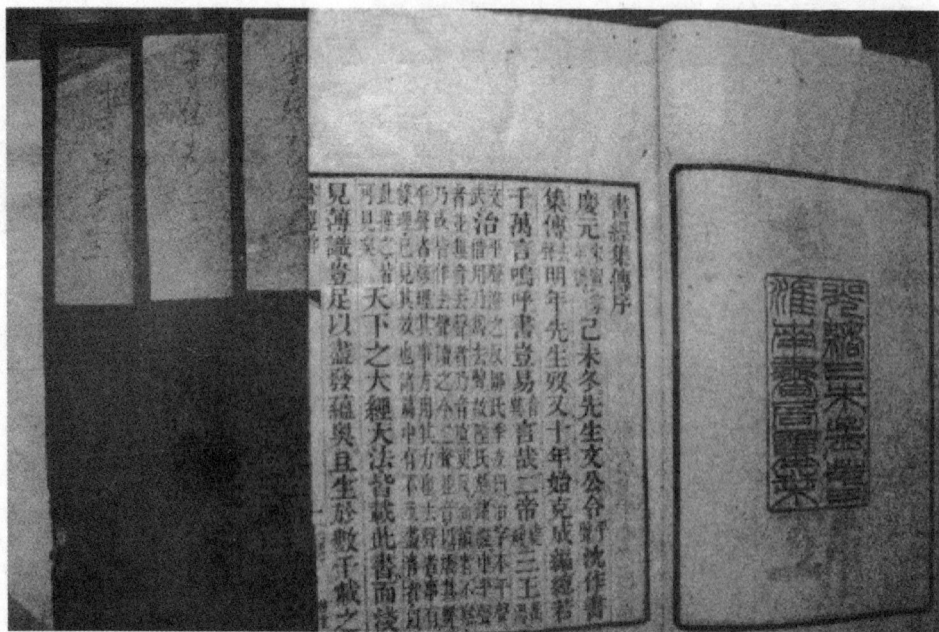

周敦颐故里

会安定，加强国家统一，宣扬封建礼教，对于经书不再侧重训诂，而是探求其中微言大义，即物穷理，研究宇宙本原和认识真理的途径，了解世界的规律性和人类本性等问题。对此，后人称为理学或道学。理学重视纲常，提倡名节，当然受到封建统治者的提倡，岭南也是如此。

理学的创始者周敦颐（1017—1073年），湖南道州（今道县）人，世称镰溪先生，宋神宗熙宁四年（1071年）任广南东路转运判官提点刑狱，理学在这时传入广东，后来广东很多书院命名为镰溪书院，以示纪念，书

周敦颐像

院成为宣扬理学的重要场所。南宋时，理学的集大成者朱熹在福建建阳讲学期间，曾来广东揭阳、潮州、韶州等地访友、旅游，对广东的理学发展有很大影响。

到了明朝，岭南的理学大有进展，其中最著名的学者要推新会陈献章（1428—1500年）。英宗正统十二年（1447年）中举人，时19岁，次年赴京考进士，中副榜，乃入国子监博览群书，代宗景泰二年（1451年）再考进士，又复落第，景泰五年（1454年）绝意科举，前往江西抚州崇仁县，拜理学家吴与弼为师学习程朱理学，历时半载，其后归乡授徒。他虽然师从吴与弼，但其理学思想后来独树一帜，开创"江门学派"，著有《陈献章集》。近人认为陈献章"上承宋儒理学的影响，下开明儒心学的先河，在中国哲学思想史的发展上，具有承先启后的地位和作用。"

陈献章采用佛教徒的静坐方式，摒除各种杂念，从而悟出"夫学贵自得""以自然为宗"的道理。陈献章的"学贵自得"，绝非随意所之，悠然自得；乃是提倡刻苦用功，不存侥幸心理，不搞投机取巧，才能实实在在取得真正的收获。他在《李文溪文集序》中说得很清楚："士从事于学，功深力到，

客家土楼一景

华落实存，乃浩然自得。"功力不到，当然一无所得。

陈献章的"以自然为宗"，主张效法自然，遵守自然规律。简言之，陈献章提倡"以自然为宗"，就是要顺其自然，坚决摆脱名利的引诱，保持自我的主张和操守，这样才能够"水到渠成，莺飞鱼跃"。不论是"学贵自得"或"以自然为宗"，关键在于"自觉"，所以陈献章在与弟子湛若水的信中说："学无难易，在人自觉耳。"

由于陈献章的学术思想比较开放，因而不为当朝权贵所看重。《明史·儒林传》说："宗献章者曰江门之学，孤行独诣，其传不远。"这评语值得研究，在全国范围，陈献章的影响有限，但就岭南来说，陈献章的功绩不小，

陈献章花鸟画作品

尤其是他培育了一批弟子，其中最突出的是湛若水，曾任南京礼、吏、兵部尚书，足迹所至，便建造书院奉祀其师陈献章。湛若水弟子甚多，世称甘泉先生，当时与王守仁（世称阳明先生）齐名。

湛若水很尊重其师陈献章，并热心宣传白沙学说，然而对其师强调"静坐"，则不以为然，他曾与人说："静坐，程门有此传授，伊川（即程颐）见人静坐，便叹其善学。然此不是常理。……有执事与人时，如何只要静坐？使此教大行，则天下皆静坐，如之何其可也？"这使人想起古代希腊哲学家亚里士多德的名言："吾爱吾师，吾更爱真理。"湛若水比亚里士多德进了一步，他宣扬老师的正确观点，而否定其不正确的观点，这很

王阳明创立阳明心说

湛若水像

值得人们学习，也体现了岭南学人不拘一格的勇气和学风。

（二）人才辈出的岭南文坛

岭南的文学创作，虽然起步较迟，但是品种繁多，在继承中原及各地优良传统的基础上，顺应时代前进而不断创新，因而富有地区特色，也随着本地区经济的发展而日益

湛若水墓

繁荣。

　　岭南的古代作者，多是散文诗词并举，为便于叙述，只好侧重其某方面的特长。再者，在漫长的古代岁月中，大量的各地知名文士先后来到岭南，如韩愈、苏轼、苏辙、汤显祖、朱彝尊、王士祯等，为中原文化与岭南文化的交流留下了自己独特的文化印

记。

岭南最早出现的具有全国性影响的文人是张九龄（678—740年），字子寿，唐玄宗时曾任中书侍郎、同中书门下平章事，号称贤相。他是岭南历史上最杰出的才子，当时号称"燕（燕国公张说）许（许国公苏颋）大手笔"之一的燕国公、宰相张说，就经常赞誉张九龄是"后出词人之冠也"。唐朝是中国诗作的鼎盛时期，而张九龄则是唐朝岭南最杰出的诗人。初唐诗作，尚有六朝遗风，格调绮丽颓靡，武后时，陈子昂挺身而出，以汉魏风骨，力矫齐梁陋习。接着张九龄也致力于开创唐代诗作新局面，在初唐诗坛颇负盛名。其诗风和雅清淡，留下"海上生明月，天涯共此时"的千古名句，在吟咏中秋月的诗作中，与后世苏轼的"人有悲欢离合，月有阴晴圆缺，此事古难全，千里共婵娟"并称于世。

张九龄之后，岭南文学虽也人才辈出，但始终偏居一隅，鲜有重回文化中心的文豪级人物出现。直到清朝后期，岭南文化重领风气之先，在诗歌、散文、小说等领域涌现出大批风流人物，均为一时之翘楚。

清朝后期，康有为与梁启超横空出世，

张九龄像

潮州城墙影壁

使得岭南文化重回中国文化的聚光灯下，两人联手推动的"维新变法"成为晚清政治的分水岭，与此同时，两人在文学上也颇有造诣。

康有为从事宣传变法维新运动，写了大量的政治论文，洋溢着丰富的爱国热情，内容充实，说理透彻，运笔纵横捭阖，构思汪洋恣肆，采用中外典故和排比句法，形成一种新的文风，言人所不敢言，使读者受到很大感染。其散文后人辑为《康南海文钞》。

与康有为相比，梁启超成就更为巨大，可以称得上一代宗师。梁启超于学术研究涉猎广泛，在哲学、文学、史学、经学、法学、伦理学、宗教学等领域，均有建树，其

梁启超故居

中以史学研究成绩最显著。梁启超在文学理论上引进了西方文化及文学新观念，首倡近代各种文体的革新。其在文学创作上亦有多方面成就，散文、诗歌、小说、戏曲及翻译文学方面均有作品行世，尤以散文影响最大。梁启超的文章风格，世称"新文体"。这种带有"策士文学"风格的"新文体"，成为五四以前最受欢迎、模仿者最多的文体，而且至今仍然值得学习和研究。

清朝后期，梁启超首倡"诗界革命"，响应者众，其中最为引人注目者当为嘉应州（今梅县）的诗人黄遵宪（1848—1905年）。黄遵宪是光绪二年（1876年）举人，曾任驻日本使馆参赞、驻美国旧金山总领事、驻英国使馆二等参赞、驻新加坡总领事共十多年。由于长期从事外交工作，因而接受西方思想影响，积极参加变法维新，撰《人境庐诗草》。其诗汪洋恣肆，颇具特色，富有爱国主义色彩。在创作上，其《杂感》一诗提出："我手写我口，古岂能拘牵。即今流俗语，我若登简编。"主张用通俗语言写诗，要求将"古人未有之物，未辟之境，耳目所历，皆笔而书之"，成为晚清"诗界革命"的先驱。

晚清小说有"四大谴责小说"传世，其

中《二十年目睹之怪现状》的作者吴沃尧（1866—1910年）即出身岭南。吴沃尧，南海人，字小允，号趼人，因家居佛山，故又称"我佛山人"。

《二十年目睹之怪现状》，120回，光绪二十九年开始发表于《新小说》杂志，至宣统元年（1909年）完稿。小说以改良派人物"九死一生"的经历为主体，贯串了近两百个小故事和众多的人物，反映了光绪十年（1884年）中法战争到光绪三十年（1904年）前后这二十多年间，作者亲闻亲见的中国官场、商场、洋场及社会各个角落的种种怪现象。其重点则在官场，因为官场黑暗腐败造

梁启超像

清吴趼人著《二十年目睹之怪现状》插图

成祸国殃民，是最大的社会问题。所以此书出版后立即在全国产生很大影响。

光绪二十八年（1902 年）十月，梁启超在日本东京创办《新小说》月刊，鼓吹"小说界革命"，其《论小说与群治的关系》提出"欲新一国之民，不可不先新一国之小说"，高度强调小说的社会教育作用。岭南文坛奇人苏曼殊的《断鸿零雁记》在当时影响甚大。《断鸿零雁记》是中篇小说，1912 年刊于《太平洋报》，内容描述主人公三郎与雪梅的婚

《太平洋报》刊登的征稿启事

约，因三郎家道中落，雪梅继母毁约，强迫雪梅嫁与富户，三郎愤而出家为僧。其后三郎赴日本寻访生母，得遇姨表妹静子，两人相爱，但三郎认为自己是僧人，不宜结婚，于是潜逃回国。其后得知雪梅不愿做富户媳妇而绝食自杀，因此下定决心终身不娶。故事情节带有自传成分，其中亦流露浓厚的民族意识。类似言情小说，还著有《惨世界》一书，共 14 回，名为翻译，只是大部分取材于法国雨果的《悲惨世界》，并非全部照

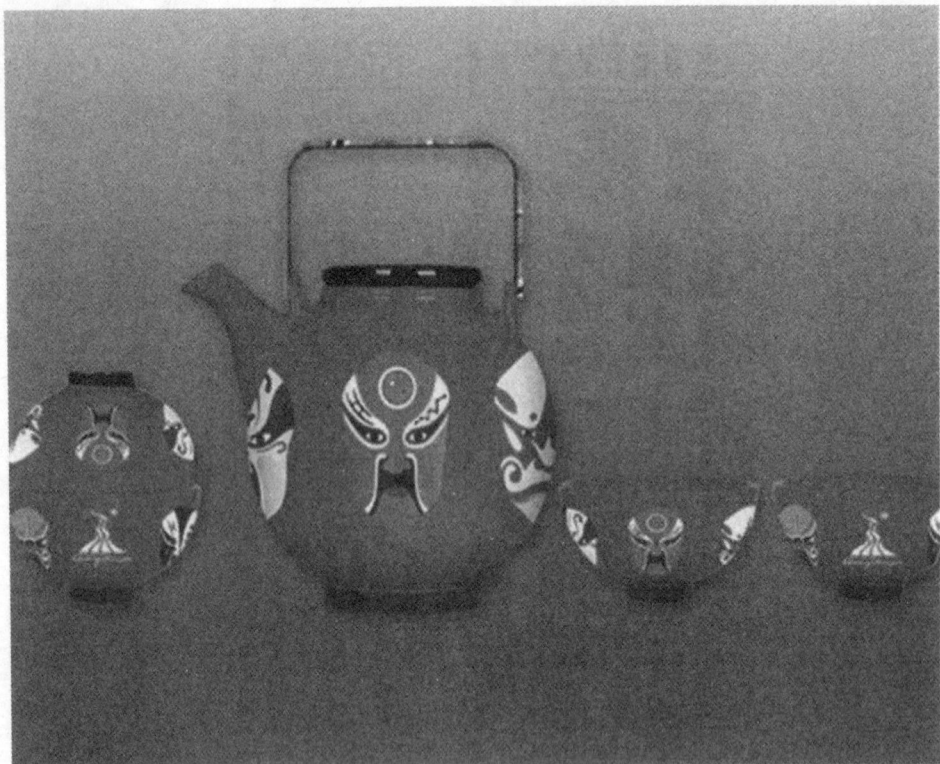

粤剧脸谱工艺品

原文翻译，也不能说是创作，内容为攻击清政府，鼓吹武装革命和实行暗杀，成书于光绪二十九年，遭到清朝官员查禁。

（三）岭南三秀：各呈色彩的艺术流派

岭南的艺术接受中原各地及外来影响，结合本地的特点，经过长期改造、融合、创新，自成派系，独具一格，富有浓厚的地方色彩，因此在国内外享有较高的声誉。其中粤剧、广东音乐和岭南画派被称为"岭南三秀"。

1. 粤剧

粤剧是全国十大剧种之一，用广州方言演唱，流行于广东、广西的广州方言地区和香港、澳门，在美洲、欧洲、澳洲和东南亚采用广州方言的华侨中也有演出。"粤剧"一词在清朝光绪中期才出现，其起源约在明朝中期，早在嘉靖年间，江西弋阳腔传入广东，到了清朝初期，徽剧、湘剧和其他剧种也陆续传入广东。粤剧吸收了弋阳腔、徽剧、湘剧、昆曲、秦腔、汉剧、祁剧、桂剧等剧种的唱腔，以后又加入南音、龙舟、木鱼、粤讴等广东民间曲调，于雍正前后汇合形成

粤剧脸谱

粤剧，具有自己的特色。唱词结构基本上是7字句和10字句，后来发展为长句和自由句格。唱腔有高亢激昂，为武生专用的大喉；有稳重厚实，为小生、文武生专用的平喉；有清园委婉，为旦角专用的子喉。曲调有正线、反线、乙反线，既能慷慨昂扬，又能哀怨悲叹，富于表演力和感染力。伴奏乐器也不断增加，除运用二弦、三弦、高胡、月琴、琵琶、笛子、沙鼓、高边锣等民族乐器外，还运用扬琴、小提琴、大提琴、萨克斯号等西欧乐器，使伴奏功能大大提高，增强戏剧效果。在表演上，原先分为末、净、生、旦、丑、外、小、贴、夫、杂等10个行当，各

月琴

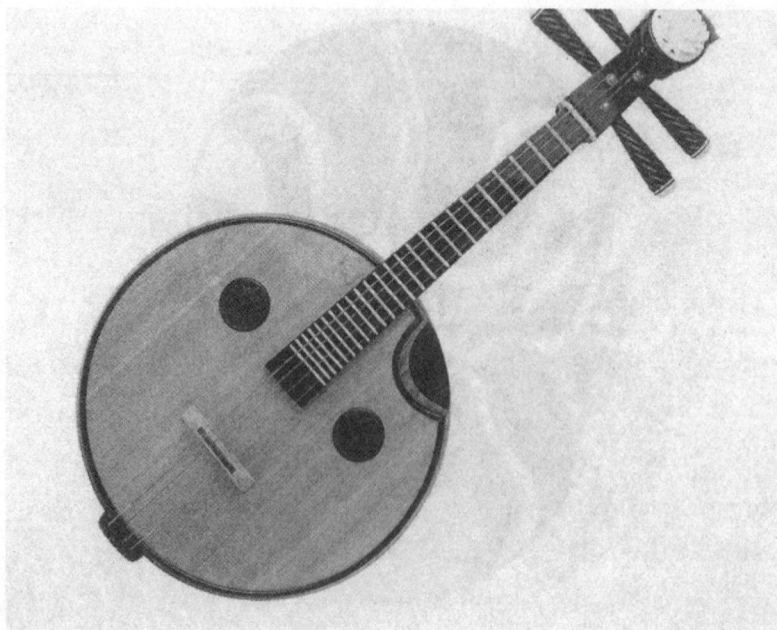

有传统表演程序，后来演变为生、旦、文武生、武生、公脚、小武、六分、拉扯等独特行当。文武生是粤剧表演的台柱，既能做文戏，也能做武戏，还能唱大喉，为其他剧种所少见。在服装、化妆和舞台布景方面也很讲究。传统剧目近3000个，较为流行的有"最古江湖十八本""新江湖十八本""江湖十八本""小江湖十八本""八大曲本"等。

2. 广东音乐

广东音乐是我国著名的乐种之一，不仅流行于广东各地，而且影响遍及全国和海外华侨聚居地。它本是丝竹音乐，起源没有确切记载，一般认为其前身主要是粤剧过场音乐和烘托表演动作的乐曲，所以过去有"过场音乐""过场谱子""小曲"等名称。按乐曲长短，分为"大调"和"小调"。初期以粗弦硬弓、发音响亮的"二弦"为主要乐器，辅以三弦、提琴（即大板胡，并非西洋提琴）、月琴、笛子，称为"五架头"。以后受"江南丝竹"影响，改用二胡（钢丝弦）为主要乐器，这就出现以二胡、扬琴、秦琴的"三件头"，和再加上洞箫、椰胡的"五件头"。再后，所用乐器发展至数十种之多，吹、弹、拉、打均有。其早期乐曲，音符较疏，节奏

小提琴也是粤剧伴奏乐器之一

扬琴

变化较少。后来其旋律有所发展，音色清脆明亮，曲调流畅优美，节奏明快清新，声韵悠扬动听。在曲调进行中，有多种装饰音型，称为"加花"，使旋律更加自然和谐，流畅丰富，具有鲜明的地方色彩和独特风格。它是一种标题性音乐，结构上以简驭繁。传统乐曲约 300 首，主要有表现风俗图景的《赛龙夺锦》《平湖秋月》《山乡春早》《雨打芭蕉》等，有描绘生活情趣的《渔樵问答》《渔歌晚唱》《饿马摇铃》《鸟投林》等，有歌颂向往幸福的《孔雀开屏》《双飞蝴蝶》《春风得意》等，有反映欢乐情绪的《步步高》《娱乐升平》

等,也有哀叹人生不幸的《昭君怨》《双声恨》等。它不断吸收国内外其他乐种的长处,从而能够广泛地表现各种题材。

3.岭南画派

清朝后期,番禺的居巢、居廉兄弟二人在绘画上新意盎然,成就突出。清同治三年(1864年),居巢、居廉在广州河南建筑"十香园",不久,居巢病故。次年,居廉在此设馆授徒,他重视写生,强调师法自然,培养了一批美术人才,最为著名的便是"两高一陈",即高剑父、高奇峰和陈树人。三人都曾留学日本,学习过日本画,都是同盟会会员,思想进步,在艺术上他们主张"折中

岭南画派创始人居廉、居巢故居

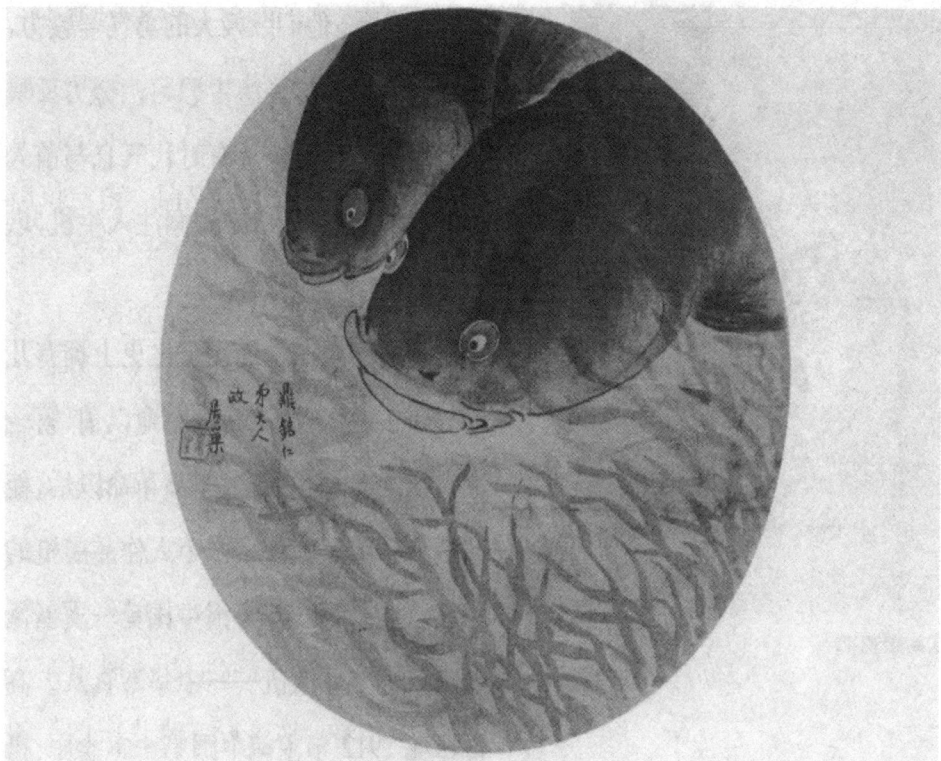

居巢《鱼草图》团扇面

东西方"，融和古今。在继承中国画传统技法的基础上，吸收日本、欧洲画法和摄影的优点，对中国历代各派画家进行去芜存精，兼容并蓄，强调师法自然，重视写生，注意画面整体的色调，色彩鲜丽，提倡绘新题材，认为新事物皆可入画，从而形成具有民族风格的现代新国画，被称为"岭南画派"。岭南画派是中国传统国画中的革命派。他们以极大的勇气与毅力，冲击弥漫画界蹈袭仿古恶习，努力反映现实生活，注重选择有时代

居巢《杜鹃花》

气息与前人未曾表现的题材。给中国画注入生机，堪称中国画革新先行者。

岭南画派在近现代文化史上拥有几个"第一"。高剑父是辛亥革命以前，第一位出国学美术的画家。辛亥革命以后，他又是第一个在国外举办个人作品展览的画家。他在1912年筹组中国第一支新闻摄影报道专业队伍——中华写真队。高奇峰在1912年主编中国第一本绘画、摄影、文学综合性杂志《真相画报》。陈树人于1912年发表在《真相画报》上的《新画法》中第一次引用和应用新词"形式美"的概念。高剑父1908年在广州西关仓颉庙，第一次举办"折衷中西"的个人新国画展览；1915年第一次把当时最新武器——飞机、坦克作为中国画的描绘对象。以上这些"第一次"，意味着一种超前意识、一种超常胆识、一种开拓精神。为此岭南画派成为岭南文化的象征。

居巢与居廉两人系堂兄弟。居巢（1811—1865年），字梅生，号梅巢。居廉（1828—1904年），字士刚，号古泉，广东番禺隔山乡人。他们强调作品以自然为师，亲自栽花叠石，饲养花鸟虫鱼，以供写生。两人均善于用粉和用水，以"撞粉"和"撞水"画法发展了没骨花鸟画。这种方法是在色彩未干之际，注入适量的粉和水，使之互相渗化交融，待干后，出现一种特殊效果。虽古已零星有之，但自觉地在熟宣纸和熟绢上发展成的特殊技法应该归功于二居。他们勇于创新技法的精神也成为日后岭南画派日益壮大的精神底色。

高剑父（1879—1951年）名卷，字爵庭，番禺人。父、祖世医，均能书画。他13岁跟居廉学画，17岁去澳门岭南学堂，跟法国画家麦拉学素描，28岁考入日本东京美术学院，学东、西洋画法。既有深厚的传统绘画基础，又从事过西洋绘画的研究，在艺

居巢《花鸟镜心》

术上得到不少新的启示。他是我国近代最早尝试融合中西和东洋画法的先驱。高剑父先生既擅长写意，也能画工笔。他大胆地融合中国传统绘画技法和西洋、日本画法，注重写生。他的绘画追求透视、明暗、光线、空间的表现，尤其重视水墨和色彩的渲染，创造出一种奔放雄劲而又令人耳目一新的艺术效果，具有南方特色，开创了岭南画派，在中国近代画坛上造成了深远的影响。高剑父曾获意大利万国博览会金牌奖、巴拿马万国博览会金牌奖、巴黎万国博览会最优秀奖。在比利时百年博览会上，其《江关萧瑟》《绝代名妹芳》得分最高。参加柏林中国美术展

高剑父《渔跃图》

览的《松风水月》，由德国政府购藏。他的画善用色彩或水墨渲染，别具一格。

高奇峰（1886—1933年），是高剑父胞弟，少年时候跟高剑父学绘画。清光绪三十三年（1907年），又跟随高剑父东渡日本，向田中赖璋学绘画，并参加同盟会。1912年在上海主编《真相画报》，1918年回广州，在广东工业学校工作，并自设美术馆，招收学员，后在岭南大学任教，1933年因病去世，年仅44岁。高奇峰的绘画技艺、主张以及人生经历均受其兄高剑父影响，作品以翎毛、走兽、花卉最为擅长，在艺术上写生最为突出，善用色彩和水墨渲染，画风工整而刚劲、真

高奇峰《柳塘春雨图》

高奇峰《猿月图》

实而诗意盎然。

陈树人（1884—1948 年）名韶，番禺人。因筑室于广州东山和番禺隔山，自称"二山山樵"。他 16 岁时向居廉学绘画，并结识高剑父、高奇峰。他工诗善画，尤长花鸟、山水画。画风清新、恬淡、空灵，独树一帜。作品《岭南春色》，1931 年在比利时万国博览会上获最优等奖，《红叶》于 1942 年由中国教育部购买赠给印度政府，《红了樱桃，绿了芭蕉》为法国国立博物馆购藏，《紫云》

陈树人《红叶小鸟》

陈树人花鸟画

为柏林国家博物馆购藏,《绿竹》《桃花》分别为莫斯科、列宁格勒(彼得堡)的博物馆收藏。

近代以来形成的岭南画派,注重写生,吸收外来技法,强调表现时代精神,不受传统观念的束缚。"二高一陈"已树立起改革国画的旗帜。他们又培养了大批学生,黄少强、方人定、赵少昂、关山月、黎雄才以及杨善深等,都在不同程度上继承和发扬了岭南画派的传统。

(四)互不相通的方言土语

中国地广人多,各个地域的文化发展不平衡,加上远古时代有难以计数的种族、部

陈树人《枇杷双鸟》

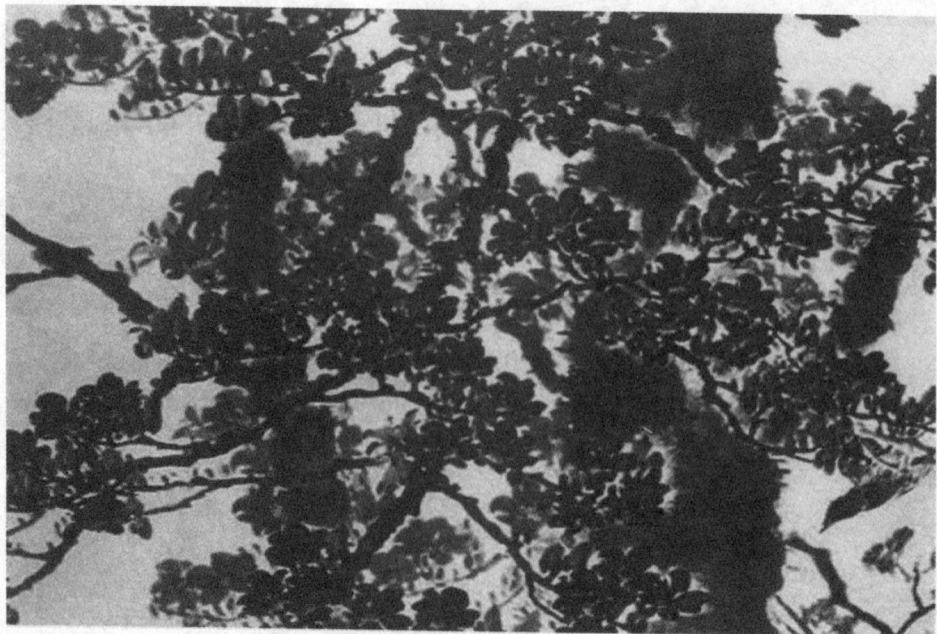

广东原是百越族聚居之地，方言很多

落，这就产生了各种方言、土语。秦朝统一全国后，实行文字统一的政策，这为语言的统一创造了条件。但是，由于历史的原因，至今广东与中原等地在语言上仍有明显差异，以至外地人士初到广东，在语言上顿生茫然之感。广东原是百越族聚居之地，分支繁多，方言原本就不少。秦朝以后，由于逃避战乱、商业经营、仕宦讲学、军队驻防等原因，历代均有各省人士前来广东，这就产生本地方言与外地方言混合形成的语言，主

广州天河公园一景

要是粤语、潮州话、客家话三大类。至于小范围的方言则有数十种之多。即使是广东人，也不可能掌握广东的全部方言。

1. 粤语

过去称为广府话，因为从南朝开始设置广州都督府，简称广府。广东省治在广州，广东简称为粤，所以广府话又称为粤语。它是汉语七大方言（北方方言、吴方言、湘方言、粤方言、闽方言、赣方言、客方言）中语言现象复杂、保留古音特点和词语较多的一种方言。粤语在全省流行，以及广西部分地区、香港、澳门和东南亚、澳洲、美洲的广州籍华侨中使用。它是广东诸方言中最主要的一种。

早在秦始皇三十三年（公元前214年），任嚣、赵佗率领大军进驻番禺（今广州市），当时番禺只是珠江漏斗湾内百越族的居民点，面对大海，还未建城，居民不多。任嚣来到后首次建城，取名"番禺"，从字面解释，"番"与"蕃""藩"相通，有"屏藩"之意；"禺"与"隅"相通，作"区域"解。"番禺"二字，意即"边远地区"或"保卫边远地区"。因为"番禺"远离京城，所以任嚣用这两字作为地名。任嚣的籍贯已不可考，赵佗是真

定（今河北正定县）人。真定原属赵国，秦始皇十九年（前228年），秦军统帅王翦吞并赵国，赵佗可能在这时加入秦军。秦始皇二十四年（公元前223年），王翦率兵击灭楚国，攻占江南地区。其后任嚣、赵佗挥师进驻岭南，由此推知，秦军使用的语言，当是北方方言。而番禺土著居民百越族使用的语言，则近似今天的壮族方言。由此可知，粤语是在古代百越族语言的基础上，长期吸收中原和各地方言融合而成的。

据司马迁《史记》中《秦始皇本纪》和《南越列传》的记载，秦军进驻番禺没有经过战斗，因此不需动用很多兵员，随后的移民是

广州陈家祠独具特色的屋顶建筑

广东番禺莲花山风光

"适治狱吏不直者，筑长城及南越地"，可以肯定其人数也不多。因此秦军不能用北方方言取代百越方言。要在岭南立足，秦军在很多方面必须和当地人士打成一片，岭南当时没有文字，作为语言的三要素（即语音、语汇、语法），百越语言不能不受北方方言中语法、语汇的影响；而在岭南的秦军，其语言中的语音也不能不受百越语音的影响。

岭南自秦军进驻后，两汉四百多年之间，一再派遣重兵前来平定叛乱；东晋南朝，中

番禺余荫山房

原战乱频仍，流民大批南迁；唐朝重修大庾岭山路；宋朝整治北江水道。一千多年来，中原及各地人士络绎定居广州，粤语逐渐定型。

粤语的特点是：它保留了部分古汉语，如"看"称为"睇"，"站立"称为"企"，还有一些古越语的残余和方言字，而且外来语也较多，如"小店"称为"士多""出租汽车"称为"的士"等。在语音方面，粤语的声母数目有 20 个，这和普通话差不多，

潮州鱼旦粉

但韵母和声调比较复杂，韵母有53个，比普通话多三分之一；声调有8个，即平、上、去、入四声中，各分阴、阳，有人认为是9个，即入声分高、中、低。在语汇方面，有些用词和普通话略有不同或完全不同，如"荸荠"称为"马蹄"、"冰箱"称为"雪柜"；有的复合词的词序颠倒过来，如"公猪"称为"猪公"、"整齐"称为"齐整"。在语法方面，粤语和普通话也有一些差异，如"你先吃"说成"你吃先"、"我比你大"说成"我大过你"。三者之中，主要差别在语音。

粤语历史悠久，流行的地区广阔，因而各县、市使用的粤语，均略有差异。最突出的是台山、新会、恩平、开平（俗称"四邑"）使用的台山话（又称"四邑"话），与粤语有较大差异，很多广州人也听不懂台山话，但是语言工作者仍然把台山话列入粤语的范围之内。

2. 潮州话

潮州话又称汕头话、福佬话，一般称为潮汕方言，简称潮语，它主要流行于广东省东南部十多个县、市，以及香港、澳门和东南亚的潮汕籍华侨中。尤其是泰国华侨，很多人会讲潮语。

广东潮汕地区邻近福建南部，福建人不断移居广东，因此潮语受福建话影响，属于闽方言中的闽南系，其远祖和吴语有关。早在远古时候，现今潮汕地区的土著居民属闽越族，流行壮侗语或苗瑶语。春秋战国时期，吴、越两国先后破灭，其族人不断南迁闽、广；秦、汉时期，中原人士相继移入；唐、宋、元、明均有大量闽人前来定居。因而到了明朝，潮语才最后定型。

潮州话的特点是：它保留了古闽语的一些特点，实际上也是古吴越语、古汉语的特点，和广东西部的雷州话、海南岛的海南话有某些相近之处，但和粤语、客家话差别很

潮州湘子桥

潮州小吃

大。在语音方面，潮州话声母有 18 个；韵母比较复杂，一说有 77 个，一说有 79 个，一说有 90 个。这大概是使用潮语的县市不同而出现的地域差异。声调有 8 个，即平、上、去、入四声各分阴、阳两类。有音而没有字的情况比较多，方言字也比较多；有些字音，单读时有其声调，称为"本调"，若与其他字连起来读，其本调却要改变，这现象称为"连读变调"。同时，在潮州话中，"文白异读"比较突出，即一个字的读音称为"文读"，谈话时这个字音称为"白读"，两者并不相同。在语汇方面，潮州话使用的古词较多，如"眼睛"称为"目"、"游泳"称为"泅"。有很多本方言特有的词语，如"起床"称为"走起"、"自我表扬"称为"旌功"。有些单音词重叠后，可作形容词，如"猴猴"形容人瘦弱，"柴柴"形容人的样子呆板。由于对外交往，也有不少外来语，除英语外，因到新加坡、马来西亚的人较多，所以吸收了一些马来语，如"手杖"称为"洞角"、"饼干"称为"罗的"等。在语法方面：潮州话也有其独特之处，词头、词尾有一些常用的前缀、后缀，以加强感情色彩，前缀有"老""阿"等，后缀有"图""仔""伙""鬼""头"等。

潮州风光

岭南文化的丰富内容

名词、动词、形容词重叠使用，使词语表示不同的含义或增加生动性。如"仙仙"表示"不懂世事的样子"、"拼拼拍拍"表示"出力干事"、"野样野样"表示"难看"、"条条直直"表示"有条不紊"等。潮语流行的各县、市的语音，也有微细的差异。

3. 客家话

客家话又称梅县话、麻介话等等。在广东省内，客家话使用人数在粤语、潮州话之下，居第三位，但覆盖面积仅次于粤语。它在广东省主要流行于东部和北部的十多个县、市，以及西部和沿海县市部分居民中，其他省（区）和海外华侨中，也有人使用客

广东梅州客家围屋

广东客家围屋

家话。

客家话一说在宋朝，一说在明清时期定型。有人提出，客家从东晋由中原南迁时，曾在湖北、湖南、江西等地居留，故曾受当地语言影响，客家话比较接近江西的赣方言，也有人认为比较接近两湖方言。又因早期客家和畲族共同聚居，所以彼此间语言有很多共同之处。客家话的特点是：保留一些古语和中州音韵，如"黑"称为"乌"，"中午"称为"昼"。除了本方言特有的词语外，还借用其他方言和外来语。在语音方面，客家话有声母 19 个，一说是 17 个，韵母 74 个，

岭南地处南海之北，气候潮湿多雨

声调 6 个，即阴平、阳平、上声、去声、阴入、阳入。在语汇方面，客家话的用语，单音词比较多，如"浇灌"称为"沃"、"木柴"称为"樵"。本方言特有的语汇较多，如称雄性动物为"牯"、称雌性动物为"嫲"、称儿子为"赖"、称麻雀为"瓦弄必"等。在语法方面，客家话和普通话有差异，和粤语、潮州话也不一样。客家人强调："宁卖祖宗田，不忘祖宗言。"但在实际上，客家人的住地比较分散，因而各地的客家话仍有不少差异。

（五）别具特色的建筑文化

岭南地处南海之北，五岭之南，丘陵起伏，河流纵横，属热带、亚热带丘陵地区，气候特点表现为潮湿、炎热、多台风。针对这种特殊的地理气候条件，岭南建筑在解决通风、隔热、遮阳等方面，通过传承历史，锐意创新，逐步形成了独特的岭南风格。岭南风格是一种既有现代主义特征，又有岭南地域特色的建筑风格，这种设计思想的具体表现在于：它是讲求功能要求的现代主义，它具有传统岭南建筑的特点，又注重亚热带地区的室内外建筑环境的特点和内外空间的交融。而西关大屋就是这种岭南风格的完美体现。

西关大屋

西关大屋一景

西关大屋的称谓，应该是群众在长时间的生活中逐渐口口相传而成的。时间估计从清末开始，其时，西关一带的民居从平面布局、立体构筑和室内的细部装饰设计，都有大略相同的模式和独特的地方风格，其中大户人家居住的，俗称"古老大屋"。据史载，清末，西关一带已成为广州市繁荣的商业经济中心，而且毗邻泮塘城郊，河汉纵横，荔岸荷塘，享自然风光环境之美，因而商贾富户、名伶、仕宦人家多喜欢在此经营住宅，所以古老大屋以西关为最多，并形成建筑群，渐次口口相称为"西关大屋"。

狭义的"西关大屋"应当指以清末古老大屋为代表的西关大屋，平面呈纵长方形，砖木结构，坡屋，层数有一层或两层，典型的平面为"三边过"也叫开间，正中为"正间"，两侧为"书偏"，一般面宽20米左右，进深40米左右。有的"书偏"以小巷与邻屋相隔，此巷称"青云巷"，有通风隔热、走火通路的作用。

更为精美的有"五边过"，即五开间，屋后还带有花园和楼台亭榭。有的还建有戏台，占地面积1000平方米以上。西关过去比较著名的大屋有梁资政第、李探花第等，

但今天已基本无存。现定为市文物保护单位的泰华楼，是李探花第的书轩，从中约略可想见旧日大屋的规模。

广义的"西关大屋"，应包括民初或稍后的仿古式大屋，有砖木结构，也有混合结构，坡屋顶或平屋顶，层数多是二至三层。此外，亦应包括双开间的民屋以及一些揉合了西洋建筑韵味的民居。

西关大屋是近百年南方建筑的一个典型，适应亚热带温湿气候，在建筑布局、建筑工艺、装修工艺上都有浓郁的地方建筑特点。

首先，西关大屋平面布局多为矩形，揉合了广州及珠江三角洲一带"传统民居"三间两廊式的基础，又吸收了苏州等地的大宅厅堂、花园布局演变而成。以主屋（正间）为中轴线，两侧布置为对称的二偏间，平面成"三开间"，俗称三边过，有的再扩展为"五开间"（五边过），也有的只有一正一偏的。大屋以一个金字架屋顶为"一进"，房屋深度一般为"二至三进"，前面书厅房，后面是庭院，中间是主要厅堂。

其次，正门立面典型，是由青砖石脚、脚门趟栊、黑漆大门、正间缩藏出回字门

西关大屋门口

口组成。建筑工艺精细，墙体一般用细绿青砖，白色花岗石脚和讲究的石门洞。特别是被工匠师称为"三件头"的脚门、趟栊、大门特具风格。脚门大约高1.7米，两折对开，门上部雕通花图案，造工不俗，即使关上门，主人仍可从门内看清来客。木趟栊是由5—6厘米直径圆木条横排组成的小栅，开和关都是水平移动，关上趟栊也不影响通风透凉。大门厚重，一般有5厘米，有的甚至为一整块木板做成，一般用杉木，富者则用东京木和坤甸。青砖石脚，漆黑的脚门，趟栊和大门，简朴戍重、和谐古稚，颇具岭南特色。

西关大屋的产生有社会的、自然的、传

西关大屋彩绘玻璃

西关大屋是旧广州商
贾富绅的居所

统的原因。

首先，清代广州的商业经济中心逐步从原来城南濠泮街一带向西关方向迁移，从清康熙二十四年（1685 年）在广州设立海关始至清末，西关已成了全市非常繁荣的中外贸易中心。

其次西关毗邻泮塘，环境优美，故商贾多喜欢在此营建西关大屋，以利于其经商、居住、享乐，逐渐成为一种时尚。

再次，西关大屋以中轴为中心，左右对称及厅房布置层次分明的结构，适应了广州人传统的宗族、家族、长幼尊卑的观念。

西关大屋内景

西关大屋适应了当时社会发展的需要，把我国传统的合院式布局，作了一种适合当地人文环境、地理环境和气候的改革，创造出一种平面布局紧凑，空间间架设计巧妙，带楼层的密集式的城市居屋类型，其后极大地影响了民国以后广州大量建造的竹筒式民房和骑楼式的店铺。

竹筒式的民房又叫竹筒屋，因其以天井间隔房（犹如一节节竹筒，故称），尽管没有三边过或五边过的气势，但大多数保留了门口的"三大件"，平面布局与西关大屋基本类同，只是规模缩小，内部的间架简化。

另一方面，随着社会的发展，以及我国

相当一部分知识青年出洋留学，西关大屋也在建筑的设计和架构上有了相应的发展。这种发展，是在那个时候的一种特定的环境下出现的，既是传统的，又体现了向西洋建筑的学习；既是西洋化的，又体现了一班出身传统中国宗族家庭的留洋青年对传统房屋形式的继承和眷恋。这样的西关大屋主要表现为：保留正门三大件及内部大致架构的基础上，增设颇具洋味的阳台，在房屋的装饰细部上也增设了洋味的石刻窗框、窗棂、洋式模线等，而且立面格局也有了较多的变化，特别是多向 2—3 层发展，不囿于中间正、两边偏的格局，有时会是两边正立面，中间

西关大屋颇具古韵的
建筑风格

西关大屋门上贴的门神画

一座走梯相连两边等形式。

更进一步，有的大屋发展得洋味十足，带有西式的庭院、小洋亭、罗马柱、螺旋式走梯、铁窗花等，但庭内仍设置中式的水池和湖石，从中仍透露出传统的气息。

西关大屋从其雏形发展成经典，又发展为揉合西洋风格的小洋房，之后发展成为具有现代特色的居屋，正体现了岭南文化在建筑文化上兼收并蓄、不拘一格的发展脉络。

（六）不重思想重实用的岭南园林文化

岭南园林作为中国传统造园艺术的三大流派之一，在中国造园史上有着非常重要的意义，特别是在现代园林的创新和发展上，更起着举足轻重的作用。岭南园林是指以广州为中心，包括广东、广西、海南、福建西南和台湾等地的园林。

从岭南文化的特征来看，具有反传统的特点，受中原儒家文化的影响较少，与传统的江南私家园林具有明显的差异。江南园林一般园林面积较大，追求人格化的自然山水，建筑在园林中只是起陪衬、点缀作用。江南私家园林常常是民居与园林分开设置，在宅

居建筑群旁设园，像苏州的网师园、留园等，或另寻地方开辟新园，园林和住宅各自独立设置。这种园林布局或多或少与当时文人的逸世思想有关，园林与住宅分开。象征着人世与逸世，而宅居则作为园林主人归隐逸世的去处。所以，岭南地区更多的是受自然气候的限制，而非儒家思想的束缚。岭南园林的布局原则更多的是注重于功能实用，反映出商人更多考虑实际。

由于岭南庭园占地一般较少，常将建筑物沿外围边线成群成组地布置，用"连房博厦"的方式围成内庭园林空间，使庭园空间与日常生活空间紧密结合起来。从地理气候来看，岭南地处沿海，受海洋性气候的影响，常年高温多雨。该方式可以减少外墙，降低

东莞可园

热辐射影响，相互比肩，可利于抵御台风暴雨袭击，也可减少雨季时内部联系不便。用建筑围合出庭院，把生活空间和庭园空间紧密结合，园林成为建筑使用空间的中介过渡。

传统的岭南园林常用的布局手法是在建筑庭院中凿池置石，周边间以四时花木点缀，配植高大乔木留荫，亭、廊、桥、舫、景门、花窗等园林建筑则穿插布局，结构精巧、色彩艳丽，空间通透开敞。

东莞可园是岭南四大古典名园之一，于1850年由张敬修辞官归乡兴建，取名可园。可园面积甚小，庭院部分仅2200平方米，但布局巧妙合理，小巧玲珑。园中建筑、山池、花木等景物十分丰富。全园共计有一楼、六阁、五亭、六台、五池、三桥、十九厅和十五房。庭院有三组建筑群，每组建筑用檐廊、前轩、过厅、走道等相接，形成"连房广厦"的内庭园林空间。三组建筑各有一条轴线，虽然地形呈三角形，入口东西向，但建筑皆南北向，且曲廊随曲合方，因此建筑群体非常和谐。"连房博厦"这种建筑包围庭院的岭南式庭院布局对现代的建筑设计产生了重要的影响。广州白天鹅宾馆中庭的"故乡水"，海南华侨宾馆庭院中的"海南第一

东莞可园一景

广州宝墨园池塘锦鲤

峰"，西樵山大酒店内庭的"飞龙入潭"，莲花山庄北阁内庭壁山水池等庭院园林都是岭南园林"连房博厦"式布局手法的现代演变。

岭南的园林建筑在文化本质上体现的还是内向型的东方文化，这种特征已经渗透到岭南古典园林的布局与空间组织当中，形成岭南园林庭院空间向心和内聚的空间特征，从而形成空间围合的空间物质形态。岭南四大古典园林中顺德的清晖园便是一个典型的例子，"清晖"二字意取"谁言寸草心，报得三春晖"，以示筑园报母之意。它的特征是：主要的建筑物、回廊、亭榭等均沿园的周边布置，所有建筑均背朝外而面向内，并由此围合成一个较大较集中的庭园空间。这种布

东莞可园木雕

局的好处是在极为有限的范围内可布置较多的建筑，且不致造成局促拥塞的局面。此外，还采用了园中园的形式，除外围布置主要的高、大的建筑物来围成大院外，还在大院中部用较矮、小的建筑再围合成一个内向的小院，从而增加了布局的层次，亦丰富了大院的空间，使人进入院门后不可一览无余，体现了内向的民族特征。

在建筑风格上，岭南文化中开放性和兼容性的文化特征得到明显体现。岭南园林中的建筑有比较鲜明的特色：一是体型轻盈、通透、朴实，体量较小；二是装修精美、华丽，大量运用木雕、砖雕、陶瓷、灰塑等民间工艺，门窗格扇、花罩漏窗等都精雕细刻、再镶上

东莞可园精雕细刻的花罩漏窗

套色玻璃做成纹样图案；三是布局形式和局部构件受西方建筑文化的影响，如中式传统建筑中采用罗马式的拱形门窗和巴洛克的柱头，用条石砌筑规整形式水池，厅堂外设铸铁花架等。由于岭南地区处于沿海边沿，早在春秋战国时期就有在沿海进行贸易的，后来逐渐演变成与邻国的海上贸易。岭南园林思想随时间迁移逐渐受外来文化（包括国内文化和国外文化）的影响，在建筑形式上表现为既有民间特色的大量民间工艺，又反映出西方罗马式和巴洛克式的建筑形式。如潮阳西园、清晖园和余荫山房。余荫山房庭院布局受西方古典园林思想的影响，呈规则式的轴线布局。

岭南地域呈封闭势态的地理环境，使岭南文化一开始便具有原始的野性和质朴。随着秦统一，汉文化的融入，带来了占统治地位的文化模式。临海发达的海外贸易，又使岭南文化吸收了海外不同国家地区的文化，更由于商业经济的萌芽发展，使岭南文化表现出异于中原文化的某些特点：亲民济世、灵活、朴素、实用。岭南文化中的这四个特征也贯穿于整个岭南园林建筑文化的始终。

五、岭南文化的历史地位

岭南文化内涵丰富，独具特色

以南越土著文化为基础，融合中原文化与海洋文化而成的岭南文化，源远流长，多姿多彩，是中华民族文化的艳丽奇葩，在中国乃至世界文化发展史上都具有特殊的历史地位。立足于中国，岭南文化的历史地位突出表现在以下三个方面。

首先，岭南文化不仅在形式上而且在内涵上，都极大地丰富、发展了中华民族文化。一方面，岭南文化展现了中华民族文化组成部分的深刻内容。作为一种本根性的地域文化，岭南文化有着自己相对独立的历史，对不同时期文化的各个方面都有着重大的历史贡献。古代岭南学术与思想文化尽管落后于中原和江南地区，但诸如汉朝杨孚的《南裔异物志》、汉晋之交王范的《交广春秋》、东晋葛洪的《抱朴子内外篇》、唐朝惠能的《坛经》、北宋余靖的《海潮图序》、明代陈献章的白沙之学以及明末清初屈大均的《广东新语》等，所表现的重大学术价值和疏离正统儒家文化的致志务实和学风，为学术与思想界注入了一股清泉。近代"开风气之先"的岭南，随着西学东渐的发展，一跃成为全国学术与思想文化最活跃的地区之一，精英辈出，人才迭起，涌现大批有改革性、开拓性与创新性的思想家和学术人才，使岭南学术与思想文化获得极大的改造和不断的充实。梁廷楠、朱次琦、陈澧、洪秀全、洪仁

岭南文化是中华优秀
文化的一部分

珩、容闳、郑观应、康有为、梁启超、孙中山、朱执信、杨匏安、谭平山等，他们的学说和思想，或秉承岭南致志务实的学风；或构思求富致强的近代化蓝图于农民政权基础之上；或传播西学，提出救国改良方案，为发展民族资本主义奋斗；或开创中国资产阶级民主革命时代，推动全国革命的发展；或介绍马克思主义，促使岭南文化飞跃发展。他们不仅是近代岭南文化的柱石，而且代表了中国近代文化的主流和先导，随着岭南经济的腾飞，当代的岭南文化在社会主义新文化中占有更加特殊的历史地位。突出表现在

东莞粤晖园长廊

东莞粤晖园一景

人们对市场经济认同、认识和创新的思想观念更新，率先大胆地走向市场经济，与国际经济接轨。这样，以新型市场观为核心，牵动了时间、效益、价值、人才、企业、法制等观念的深刻变革，反过来又进一步促进了人们思想观念的全面更新。大胆探索与实践，勇于开拓与创新蔚然成风。以全方位开放性、多形式交流性和多层面丰富性为最基本特点的当代岭南文化，推动了全国新文化的发展，使社会主义新文化更显无限生机与活力。再如颇富特色的岭南热带亚热带农业文明、岭南人世间商品意识，对中国经济发展所起到的激发、推动作用更是彰明。其他如岭南的诗歌、散文、小说、戏剧、绘画、建筑、民俗等，在历史上同样各具建树，充实着中华民族的文化宝库。

另一方面，岭南文化又显示出岭南地区丰富而鲜明的特色，从而以独特的风格去强化和丰富中华民族文化的机体。富有新奇独特审美观的岭南人为其各种文化形态的创造都打上深深的烙印：岭南风韵、岭南风格、岭南格调和岭南气派。岭南文化所具有的重商、开放、兼容、多元、直观、忤逆、远儒、受用、享乐诸特殊性质，既构成丰富多彩的中华文化，又极富个性，具有其他区域文化所不具有的特征。挚爱邦亲、兼容博纳、注重实际、开拓创新的华侨文化，更是首屈一

东莞粤晖园状元坊

指。自古承传中原陶器工艺，而后"石湾缸瓦，胜于天下"；"粤缎""广纱"，"皆为岭外京华、东西二洋所贵"，"计天下所有食货，东粤尽有之"；兼容中西绘画技法之长的岭南画派，被中国画坛誉为改革派；由"海上丝绸之路"而产生的海上"思"路，把通过海洋而来的外来文化、信仰、观念意识、宗教等新"思"路，融入岭南文化，影响与改造着岭南文化的"思"路，使岭南文化在中华民族文化中最具海洋文化的特殊性质等。这都说明了岭南文化善于吸收中原文化和海洋文化，进而把自身所创造出的富有本土特色、日益进步的科技文化辐射到国内各地，为中华民族文化的发展与繁荣增添新质。进一步说，岭南文化随着秦统一和后来的几次

粤绣

岭南文化的历史地位

大移民，积极吸收中原等地区的传统文化，使南越族与北方民族逐渐融为一体，成为汉族的一部分，有利于各民族的团结和国家的统一。因此，岭南文化又在汉民族的形成和发展、维护国家统一和民族团结等方面，一直起着积极的作用，作出了不可磨灭的重大贡献。

其次，岭南文化以其"得风气之先"，进而以"开风气之先""敢为天下先"的精神，对中华民族文化发展所起的先导作用，更显示了它的特殊历史地位。受西学东渐的影响，中国思想界、政治界围绕开放与排外、科学与经学、改革与保守等问题展开了长期而尖

广州海上丝绸之路博物馆外景

锐的斗争。岭南因其有利的地理、人文环境"得风气之先"，进而"开风气之先"，在文化领域的许多方面跃居全国领先地位。第一、岭南成为新思想的生长点。洪秀全反封建的平等思想、康有为和梁启超的变法维新思想、孙中山的民主革命思想，均根植于岭南，具有反对封建王朝闭关锁国政策和传统落后文化思想的强烈叛逆精神，是反抗封建主义、推动历史前进的冲锋号角。这样，太平天国运动、戊戌变法、孙中山革命、国共合作、北伐战争都以岭南为起点，岭南也因此成为我国近代资产阶级民主革命的发源地。第二、岭南诞生了诸多的"第一"：第一个办西医院、第一个办西式学校、第一个出国留学、第一个办新闻报纸、第一个种牛痘、第一个创建资本主义性质的近代企业、第一个制造收音机、第一个提出史学革命、第一个倡导西方民主政体等等。这说明，西方的教育、文化、科技首先从岭南扎根，然后辐射到内地，岭南文化由非主导文化转化为主导文化。古代岭南文化在中华民族文化中一直处于从属地位，为一种非主导文化。到了近代，主导文化由北方易位于岭南，从而使岭南文化成为代表时代精神、社会发展方向的主导文化，

番禺宝墨园一景

东莞粤晖园瓷瓶

岭南文化的历史地位

亦即中华民族文化的先导。直到"五四"运动前后，这种主导地位才让位于北方。改革开放后，岭南特别是珠江三角洲作为我国改革开放的试验区、对外开放的窗口、商品经济的摇篮，取得举世瞩目的成就，成为我国社会主义新文化的重要生长点。"敢为天下先"的岭南文化因此率先向现代化进军，由农业文明向现代工业文明转化、过渡，又一次成为我国主导文化之一，它不仅丰富发展了中国文化，而且最为重要的是对内陆文化的发展起着巨大的推动乃至示范的作用。特别是由农业文明向工业文明转化的不同历史阶段的跨越时期，岭南文化对内陆的影响、

东莞粤晖园影壁

辐射和潜移，具有促使中国文化发生整体性变化的巨大作用和重大的现实意义，在中国特色社会主义现代化建设中更显示出它的重要历史地位。不难看出，岭南文化在诸多重大问题上为中华民族文化的发展起到了"率先示范"的作用；在农业文化向现代文化过渡中为中华民族文化的转型提供了有益探索和成功经验；在社会主义市场经济建构上为中华民族文化昌盛提供了文化价值导向等，具有高度的战略价值和深远的历史意义，必将对全国文化的发展、转型起到巨大的引导与推动的作用。

因此，岭南文化在近一百多年来，先后

东莞粤晖园一角

东莞可园蜡像

两次成为主导文化，其地位之重要、意义之重大、影响之深远，无与伦比，为中华民族历史上仅有。

岭南文化引发了中国传统文化质的变化与飞跃，并产生了较高能的价值取向，从而为中国传统文化造成了一种优质的文化机制。从文化的发展规律看，先进的异质文化的参与，对本土文化无论如何都有促进作用。在古代不断吸收中原文化、融合中国传统文化优秀养分的岭南文化，到了近代，因岭南处于西方资本主义先进文化辐射的先头站，大有领受西方先进异质文化之先的优势，催化、激励和推动着传统文化的发扬光大，在中国近代史和文化交流史上具有特殊的意义和价值，从而使自身的流动趋向由原来的吸收为主转向对内地传播为主。这样，岭南文化处于中外文化的交汇点，具有交融、汇聚中外文化优点的得天独厚的优势，率先成为中国传统文化的突破口，进而对中国传统文化结构起到重新组合、更新的巨大作用，有着特殊的贡献。可见这种与传统文化有很大区别的最集中体现出开放、兼容和高能性的岭南文化，从更广阔的空间上展示了传统文化的价值，使传统文化在全方位上引发质的

东莞可园

东莞可园内景

变化与飞跃，出现新的生机，亦即一种优质的文化机制。进一步说，这个引发中国传统文化调整、组合和更新的突破口，其引发力和所产生的高势能使中国整个文化发生了质的升华。尤其是当代岭南文化的某些品格，无论是开放意识、价值观念，还是生产方式、衣着打扮、风俗习惯等，都已形成一个由南向北扩散的冲击浪潮，甚至成为全国某些文化领域的领导力量。既丰富扩大了岭南文化现代性的内涵，更带来中华民族文化现代性

广州博物馆

的一次整体跨越。

近代以后特别是社会主义新时期，中国传统文化即以一种新的姿态出现在世界文化发展舞台上，而且将会在一个相当长的时期内发挥其高能效应。岭南文化功不可没，无疑是推动中国新文化发展的一个生长点。放眼于世界，岭南文化作为一种交汇文化、通道文化，使中外文化交融以全方位的聚散状的动态交流方式进行，发挥着其他许多地域文化所不能起到的作用，从而提升了岭南文化的世界地位。

从文化发展史看，任何先进文化都是在不断交流中来发展壮大自身优势的。岭南文化就是在广泛吸收外来文化养分壮大自身优势的同时，又不断向外传播扩散，加强与各种文化的交流。仅就与海外文化的交流而言，作用尤其明显，地位特别突出。岭南自古以来就一直是中国海上对外交流的枢纽。早在西汉时期，就开始出现了以番禺（广州）为起点，往东至朝鲜、日本，往西至黄支国（斯里兰卡）的东方和西方"海上丝绸之路"。随着历史的发展，这条"海上丝路"不断延

东莞可园

番禺余荫山房

伸，东汉时至大秦（东罗马），唐宋时至东非、欧洲，明清时至里斯本、墨西哥和秘鲁。至此，形成了以广州为起点的全球大循环的"海上丝绸之路"。除元朝时屈居第二外，广州一直是中国古代对外贸易的第一大港和世界著名港口，成为中国海上丝绸之路的起点和东西方贸易的中转站。世界文化史的发展证明，水运既是贸易航道，又是文化的交流和传播通道。这样，随着水运的发展，不仅外国文化通过岭南文化辐射影响到内地，而且中华传统文化也通过岭南文化的动态开放传播到世界各地，大大加强了和海外文化的交

岭南文化的历史地位

番禺余荫山房假山

流，使世界文化认同中国文化，不仅对世界文化的发展产生积极影响，作出多方面贡献，而且也促进了世界文明的进步。因此可以说，在很大程度上，海外（尤其是西方）各国是通过了解岭南文化去了解中华民族文化的。也就是说，中华民族文化的世界地位随着岭南文化世界地位的上升而上升。

在近代，华侨文化别具一格。为数最多的粤籍华侨把充满岭南风情的生活方式展示在外国人面前。尽管他们没有进行跨文化传播的自觉意识和进行学术文化交流的能力，但在外国营造出了一种与众不同的岭南生活与文化氛围，形成一处处颇具岭南文化浓郁特色的华人领地，向外国人展示了中国人的刚毅性格和精神风貌。可以说，在很长一段时间里，中华民族文化在一定程度上是借助于华侨的努力和岭南文化的一些形态传向海外的。在世界海上文明的交流中，以"敢闯天下"创业而闻名的粤籍华侨便充当了这种文化传播者的角色，让异邦之人了解中国，了解中华民族文化。因此，华侨文化这种较强的对外文化传播功能，是提升岭南文化世界地位的强有力杠杆之一。

二战后，随着亚太地区经济的崛起，尤

番禺余荫山房福寿门

其是日本和亚洲"四小龙"经济的腾飞，使亚太地区海洋文化进入蓬勃发展的更新期，以现代化为内容的亚太新文化体系正在萌发和形成。岭南地区特别是珠江三角洲地区已经进入亚太地区乃至国际的竞争体系，是亚

番禺余荫山房点
题名联

太经济圈中极其重要且富有活力的地区之一。受此推动，岭南文化必将迅速发展，进行重构，形成亚太新文化体系中极富特色的地域文化，为东方现代文明进而为人类文明的发展作出多方面的贡献。

番禺余荫山房深柳堂

总之，岭南文化既古老又年轻，它有着光荣的过去、辉煌的现在、灿烂的未来。在古代、近现代和当代的文化发展过程中，不仅对中华民族文化，而且对世界文化的发展都作出了巨大的贡献。无论是在中国还是在世界，岭南文化都有着重要的历史地位。